PREMIÈRE NOTE

EN RÉPONSE AU MÉMOIRE

DE M. JULES HARMEL

INTITULÉ

RÉPONSE AU MÉMOIRE DE M. JULES TAILFER

Sur ses affaires avec la famille LAMBERT

Au mois de juillet dernier, j'ai cru devoir faire imprimer un Mémoire sur mes affaires avec la famille Lambert. Décidé à faire faire l'expertise ordonnée par le tribunal de commerce de Lisieux, j'ai pensé que ce Mémoire serait utile pour mettre les experts au courant de l'affaire et aussi pour éclairer quelques personnes qui auraient pu être induites en erreur par les accusations formulées contre moi par mes adversaires. Au moment où j'achevais ce Mémoire, M. Harmel chargea un de ses amis d'écrire à mon frère pour lui demander d'arranger cette affaire moyennant trente mille francs que nous aurions versés à la famille Lambert et cela sous peine de voir ma réputation et mon honneur gravement attaqués. M. Harmel disait que jusque là il m'avait ménagé, mais gare à moi, si nous ne voulions pas accepter sa proposition. Fort du témoignage de ma conscience et confiant dans la justice de ma cause, ces menaces ne nous ont point effrayés.

M. Harmel a publié son Mémoire ; il m'est tombé par hasard entre les mains. Lorsque j'ai fait imprimer le mien, j'en avais envoyé immédiatement plusieurs exemplaires à un ami de M. Harmel pour ce dernier et pour ses conseils.

M. Harmel a inséré au commencement de son Mémoire deux lettres qu'il m'a écrites en mars 1884 ; il se garde bien de publier les réponses que je lui ai faites immédiatement et qui, à ce moment, avaient paru lui faire comprendre le mal fondé de ses prétentions et de ses accusations.

Aujourd'hui il veut me faire passer pour un homme ignorant complètement les choses de mon industrie, absolument incapable, un malhonnête homme ; je lui répondrai en m'efforçant de ne pas suivre vis-à-vis de lui les mêmes procédés qu'il emploie à mon égard.

Je démontrerai qu'il y a dans son Mémoire beaucoup d'inexactitudes, de faits dénaturés, de chiffres erronés; mais ce travail demandera naturellement un certain temps. Pour le faire à bref délai il me faudrait abandonner mon emploi ; je ne le puis, mais au fur et à mesure que mes forces me permettront de prendre quelques heures de mon repos, je répondrai par des notes séparées à chaque point de son Mémoire.

J. TAILFER de Vimoutiers, 4, rue du Vieux-Colombier, à Paris.

Janvier 1888.

Je réponds en premier lieu au chapitre intitulé, dans le mémoire de M. Harmel, pages 21 et 22 : **Cours des lins.**

Je prouverai que dans ce chapitre de son Mémoire M. Harmel, tout en ayant reconnu une baisse de 5 à 6 francs aux cent kilos sur presque la moitié des lins de Russie que nous avions en magasin, n'en tient aucun compte quand il établit le chiffre d'un prétendu préjudice que j'aurais causé aux mineures. De plus il ne dit pas un mot d'une baisse de 17 francs aux cent kilos survenue sur plus de la moitié de nos lins russes et c'est par ces moyens qu'il arrive à m'accuser.

Et ce n'est pas dans ce chapitre seul du Mémoire de M. Harmel que nous verrons ces moyens employés, nous trouverons dans d'autres la même somme réclamée à tort et sous différentes formes et autres moyens analogues pour faire de gros chiffres contre moi.

Ce sont des procédés que je m'abstiens de qualifier. Je veux croire que c'est le résultat d'erreurs involontaires, mais je n'en ai pas moins le devoir de protester contre de pareilles manœuvres et je le fais avec toute l'énergie de l'honnêteté blessée de la façon la plus indigne.

COPIE DU MÉMOIRE DE M. HARMEL

§ 1er. — M. Tailfer affirme (pages 25 et 26 de son Mémoire) que le cours des lins a varié considérablement.

MES RÉPONSES

Mon Mémoire dit à ce sujet, pages 26 et 27 : « Quant à la réduction de 10 francs aux 100 kilos sur les lins, si M. Harmel m'avait demandé des renseignements à cet égard, je lui aurais dit de se renseigner auprès des marchands de lins pour savoir de combien avaient baissé les lins que nous avions en magasins, achetés depuis mai 1880, il aurait vu que certains avaient baissé au 18 mars 1881 de plus de quinze francs aux cent kilos. J'ai en main les attestations de ces faits de la part de MM. Neut et Leroy, négociants en lins à Lille, qui nous avaient vendu ces lins. Si M. Harmel m'avait demandé des renseignements sur cette affaire, il aurait de suite reconnu que la réduction moyenne de 10 francs aux cent kilos opérée par moi n'était nullement exagérée, non plus que celle de 20 centimes au kilo sur les lins peignés, puisqu'en moyenne les lins communs perdent cinquante pour cent au peignage, ce qui fait qu'une différence de 10 francs aux cent kilos sur un lin brut fait 20 centimes au kilo sur le lin peigné que l'on retire de ce lin brut. M. Harmel a appuyé son accusation sur ce que, un warrant sur une partie de ces lins, ayant été renouvelé en décembre 1880, n'avait point été réduit. Il a cru que c'était là une preuve que les lins n'avaient pas baissé ou n'auraient subi qu'une baisse de 3 francs aux cent kilos d'après les indications que lui a données un filateur sur la diminution ayant eu lieu de décembre 1880 à mars 1881. MM. Bourdon et Cie de Dunkerque, par l'entremise desquels ce warrant a été fait et renouvelé, m'ont affirmé qu'on ne s'était nullement préoccupé, lors du renouvellement du warrant, si le prix des lins en faisant l'objet avait subi une diminution. M. Harmel avait donc uniquement à voir de combien les lins que nous avions en magasin avaient baissé depuis l'époque de leur achat.

« Il est évident que si M. Harmel avait mieux connu, ou s'était au moins mieux renseigné sur ces questions, il ne m'aurait pas accusé d'avoir estimé les lins et les fils en dessous de leur valeur et, liant cette assertion avec celle de m'être approprié au 15 mars 1881 l'actif de M. Lambert de mon autorité privée, donné à entendre à ceux qui assistaient aux débats que j'avais volé les mineures Lambert en prenant pour me couvrir de ce que me devait leur père des marchandises au-dessous de leur valeur. »

Voilà ce que j'ai dit; nous allons voir en continuant à citer fidèlement tous les paragraphes du chapitre du mémoire de M. Harmel, s'il a découvert quelque chose qui contredise ce que j'ai avancé.

Pour bien éclaircir cette affaire de cours de lins existant dans l'établissement Lambert au 15 mars 1881, il est bon que l'on sache qu'en mai 1880, craignant, comme beaucoup d'autres filateurs, que la sécheresse qui régnait alors ne compromît la récolte des lins, nous avions acheté pour 148.000 francs de lins Jaroslaw et Rjeff à M. Leroy-Crépeaux, et pour 175.000 francs de lins d'Archangel à M. Neut. Peu de temps après survint un temps humide très favorable aux lins, les prix baissèrent considérablement sur certaines sortes, moins sur d'autres. Au 15 mars 1881, soit un mois environ après la mort de M. Lambert Eugène, je dressai l'inventaire; nous avions encore une forte partie des 148.000 francs des lins achetés fin mai 1880 à M. Leroy-Crépeaux et des 175.000 francs achetés à M. Neut à la même époque. M. Harmel, comme on va le voir par la copie de ce chapitre de son Mémoire, ne parle que du cours des lins Jaroslaw et Rjeff achetés à M. Leroy, mais il ne dit rien du cours des lins d'Archangel achetés à M. Neut. Or, voici la copie de la lettre que m'a écrite M. Neut, en réponse aux renseignements que je lui ai demandés sur le cours de ces lins.

Lille, le 15 janvier 1886.

Monsieur Tailfer, à Vimoutiers,

« Pour répondre à votre désir, nous venons vous déclarer que nous avons vendu à M. E. Lambert-Caillemer, filateur à Lisieux, en mai et juillet 1880, au nom, et pour le compte de nos amis d'Archangel, MM. Gribanoff, Fontaines et Cie, les lins suivants : facturés le 12-24 juillet 1880, expédiés à bord du *Corfitz Beck Friis*, sur le Havre, suivant copie que voici :

L	1/41	41	B 1re couronne	poids net	638 31	à 129 fr.		13,349 12
FL	1/204	204	2e —	—	3,141 7	124 »		63,099 92
LO	1/172	172	3e —	—	2,517 21	116 » 50		47,513 25
N	1/118	118	4e —	—	1,569 22	106 » 50		27,079 45
LC	1/112	112	Zabrock n° 1.	—	1,583 1	94 »		24,106 30
		300	nattes à 20 fr.=R° 60, à 267 fr.					160 20
							Francs	175,308 24

Aux prix ci-dessus, franco à bord, à Archangel, il convient d'ajouter : frêt 50 shillings par tonnes de 20 brut, soit fr. 6 35

Assurance 7/16 0/0 et menus frais. » 65

Par 100 kilos, fr. 7 »

Les prix d'autre part se traduisent donc par :

1re couronne,	2e couronne,	3e couronne,	4e couronne,	zabrack, n° 1,
136 francs,	131 francs,	123 fr. 50.	113 fr. 50,	101 francs

les 100 kilos, coût, frêt, assurance sur le Havre.

En mars 1881, nous avons vendu, à livrer, à M. Paul Duchesne-Fournet, à Lisieux, les mêmes lins d'Archangel, aussi de notre maison, MM. Gribanoff Fontaines et Cie, sur la base de 106 fr. 50 pour 3e couronne, coût, frêt, assurance sur Honfleur.

Nous avons vendu également en mars 1881, dans les mêmes conditions à nos filateurs du Nord. Cela constitue une différence de 17 fr. par 100 kilos sur les lins achetés par M. E. Lambert-Caillemer, en mai et juillet 1880.

Veuillez agréer, monsieur, nos bien sincères civilités.

Émile NEUT et Cie.

En lins d'Archangel, disponibles à Dunkerque, d'expédition de MM. Gribanoff, Fontaines et Cie en 1880, nous vendîmes ces lins en mars 1881, sur la base de 110 fr. 50 les 100 kilos pour 3e couronne. »

Émile NEUT et Cie.

Il me semble incontestable d'après cette attestation que j'aurais été dans le vrai en ne comptant ce que nous avions de ces lins d'Archangel à 17 francs de moins aux cent kilos qu'ils n'avaient coûté. Puis comme on va le voir, parce que M. Harmel a bien voulu consigner dans son mémoire pour le cours des lins Rjeff et Jaroslaw, il y aurait à faire sur ces derniers une diminution de 5 à 7 francs aux cent kilos. En opérant ainsi nous aurions eu une diminution plus forte que celle moyenne de 10 francs aux cent kilos que j'ai adoptée pour simplifier le travail parce qu'il nous restait une plus grande quantité de lins d'Archangel ayant baissé de 17 francs aux cent kilos, que de Rjeff et Jaroslaw ayant baissé de 5 à 7 francs, y eût-il eu quantité égale, cela eût encore fait une moyenne de plus de 10 francs.

On voit par le post-scriptum de la lettre de M. Neut, que je n'ai pas cherché à ne me faire donner que les attestations qui auraient pu le mieux me servir; en effet, il m'a dit qu'il avait vendu en mars 1881 quelques lins pareils aux nôtres sur la base de 110 fr. 50, troisième couronne au lieu de 123 fr. 50 que nous avons acheté, ce qui n'aurait fait que 13 francs aux cent kilos au lieu de 17 francs. Mais il faut laisser compter que pour renvoyer nos lins à Dunkerque ou à

Lille, cela aurait coûté 3 à 4 francs de transport par cent kilos et aurait ainsi encore donné une perte de 17 francs aux cent kilos.

Il me semble donc incontestable que la réduction moyenne de 10 francs aux cent kilos que j'ai opérée est plutôt trop faible que trop élevée.

M. Harmel a-t-il cru qu'il pouvait pour le besoin de sa cause ne rien dire du cours des lins d'Archangel. A-t-il cru que nous n'avions en magasin, lors de l'inventaire du 15 mars, que des lins dit Rjeff ou Jaroslaw. Est-ce par une erreur involontaire qu'il ne dit pas un mot des lins d'Archangel qui avaient tant baissé? Et cependant dans mon Mémoire j'indique bien que nous avions des lins de M. Neut, M. Harmel en examinant cet inventaire du 15 mars, qu'il critique si fort, a cependant dû voir qu'il y avait des lins d'Archangel; en feuilletant la correspondance Lambert pour y trouver les factures et renseignements dont il parle dans son mémoire au chapitre qui nous occupe en ce moment, il a dû voir des factures et des lettres de M. Neut. C'est vraiment incroyable et inexplicable qu'il ne dise pas un mot de ces lins qui avaient baissé comme on l'a vu par la lettre de M. Neut de 17 fr. aux cent kilos.

Si M. Harmel m'avait demandé des explications quand il a cru voir des choses qui ne lui paraissaient pas justes, je lui aurais évité de formuler contre moi l'accusation qu'il a soutenue devant le tribunal, et qu'il soutient encore aujourd'hui dans son Mémoire, d'avoir fait tort aux mineures en estimant des lins en-dessous de leur valeur, tandis qu'au contraire je les ai plutôt estimés trop cher. Les explications que j'ai données et celles que je vais encore donner le prouvent évidemment.

Ces explications feront-elles enfin ouvrir les yeux à M. Harmel, lui feront-elles comprendre l'injustice de ses prétentions sans m'obliger à d'autres frais et pertes de temps. Je ne sais si je dois l'espérer. Enfin je réponds aujourd'hui à ce chapitre de son Mémoire, point pour point; s'il le faut, je ferai de même pour le reste.

§ 2. Nous trouvons au biblo-rhapte H, page 192, une lettre mars 1880 de MM. Leroy-Crépeaux, qui

M. Harmel donne, d'après la correspondance de la maison Lambert avec MM. Leroy-Crépeaux, la cote

offrent les lins Jaroslaw à 111,50 fr. sur base de première sorte; plus tard, nous voyons une affaire traitée (page 203 bis, même volume) le 28 mai 1880 à 110 francs. Au biblorhapte K, page 150, MM. Leroy-Crépeaux offrent 50 tonnes Jaroslaw à 105 francs base première sorte (1er mars 1881).

des lins Jaroslaw en mars 1880, mais quel intérêt cela a-t-il? Le cours de ces lins en mars 1880 ne dit rien pour l'affaire qui nous occupe.

Ce qui nous intéresse, c'est de savoir ce que valaient ces lins en mai 1880, époque de nos achats et au 15 mars 1881, époque de l'inventaire. M. Harmel constate que nous avons acheté ces lins en mai 1880, 110 francs, lins première sorte, et qu'on offrait en mars 1881 les mêmes lins à 105 francs, ce qui fait bien une différence de 5 francs aux cents kilos que M. Harmel reconnaît lui-même. J'ajoute que ce n'est pas seulement une baisse de 5 francs aux cents kilos que ces chiffres constatent, car personne n'ignore que les prix demandés pour une marchandise ne sont pas toujours ceux de sa valeur et que surtout en temps de baisse on obtient des concessions sur les cotes ou sur les prix que demandent les vendeurs, et je crois que M. Leroy ne contredirait pas l'affirmation que par une offre ferme on aurait pu obtenir en mars 1881 à 103 ou 104 francs les lins Jaroslaw achetés en mai 1880 à 110 francs, ce qui fait une baisse de 6 à 7 francs aux cent kilos.

De plus, je dois faire remarquer que M. Eugène Lambert avait trouvé les lins achetés à M. Leroy-Crépeaux en mai 1880 tellement mauvais qu'il avait cherché à les laisser pour compte ou à obtenir une concession qu'on lui avait refusée, mais ce n'était pas moins un motif d'estimer ces lins au plus bas cours en mars 1881.

§ 3. Le certificat de MM. O. Lévy-Farinaux et Cie constate que le lin Jaroslaw, base première sorte, était offert en mars 1880 à 109 francs franco Dunkerque, et au mois de mars 1881

Ce certificat de MM. O. Lévy-Farinaux donne le cours des lins Jaroslaw en mars 1880 et en mars 1881. A cette dernière époque, ils les cotent 3 francs de plus que à 108 francs franco Dunkerque (vieille récolte).

M. Leroy-Crépeaux, mais cela ne signifie rien autre chose que peut-être ces lins étaient meilleurs que ceux offerts par M. Leroy. Le prix de ces lins en mars 1880 donné par MM. O. Lévy-Farinaux ne signifie absolument rien dans notre affaire; ce qu'il faut comparer, ce sont les prix de fin mai 1880 à ceux 15 mars 1881.

§ 4. Un autre certificat de M. Th. Boittiaux constate que le même lin Jaroslaw était offert en mai 1880 à 112 francs première qualité et en mars 1881 à 108 francs première qualité (vieille récolte).

Ainsi d'après M. Boittiaux, ces lins Jaroslaw auraient baissé de mai 1880 à mars 1881 de 4 francs aux cent kilos, c'est peut-être que les lins de M. Boittiaux, avaient moins baissé, mais c'était des lins de M. Leroy-Crépeaux que nous avions à l'inventaire, et il me semble que c'était sur le cours de ces derniers qu'il fallait se fixer pour faire la moyenne de la baisse survenue sur ce que nous avions de ces marchandises en stock.

§ 5. Les lins de France et de Belgique ont monté, ainsi que le constate une lettre du 9 mars 1888 de MM. Leroy-Crépeaux, qui offrent les lins belges à 140, 150 francs (biblorhapte G, page 364), tandis que le 26 février 1881 (biblorhapte K, page 159) ils offrent les lins belges à 155, 160 francs.

De ce que M. Leroy-Crépeaux a offert des lins de Belgique en mars 1880 à 140 et 150 francs, il ne s'ensuit nullement que les lins de France et de Belgique ont augmenté comme semble le dire M. Harmel en écrivant que le 26 février 1881, il en offrait de 155 à 160 francs ; il faudrait d'abord savoir si ce sont des mêmes sortes dont il est question en mars 1880 et en février 1881; puis il faudrait, si on veut établir une comparaison, prendre les cours de fin mai 1880 et du 15 mars 1881 pour une sorte identique.

Je pourrais parfaitement prouver qu'il y avait en mars 1881 des lins de Belgique à 130 fr., mais cela ne signifierait rien pas plus que les chiffres que cite M. Harmel.

Enfin quand les lins de Belgique auraient haussé de fin mai 1880 au 15 mars 1881, cela n'aurait aucun rapport avec la diminution qui s'était produite sur les lins russes que nous avions à l'inventaire 15 mars 1881.

§ 6. Ces renseignements n'expliquent pas pourquoi M. Tailfer a fait 12 % de rabais sur le prix des waranteurs.

Les renseignements que M. Harmel donne sur les lins de Belgique n'expliquent pas la réduction que j'ai dû faire aussi bien sur les lins warrantés que sur ceux que nous avions dans nos magasins. Mais il résulte néanmoins des autres paragraphes de ce chapitre de son mémoire qu'il y a eu une baisse sur les lins Jaroslaw et Rjeff, et les explications que j'ai dû donner pour les lins d'Archangel expliquent bien que la réduction de 10 francs aux cent kilos que j'ai faite aussi bien sur les lins warrantés que sur ceux dans nos magasins est plutôt trop faible que trop élevée.

M. Harmel parle des prix des warranteurs : lorsque les lins en dépôt chez M. Bourdon et Cie de Dunkerque ont été warrantés par leur entremise, c'est nous qui leur en avons indiqué le prix, et quand le warrant a été renouvelé, ils ne se sont pas préoccupés si les lins avaient baissé ou non. On peut se renseigner auprès d'eux à ce sujet.

§ 7. Pour les Rjeff moyenne 3me couronne achetés 96 francs le 29 mai 1880 (biblorhapte H, page 205 bis), nous les voyons cotés sur certificat de MM. Lévy-Farinaux et Cie, juin 1880, 96 francs franco Dunkerque et en avril 1881 (vieille récolte) 90 francs franco Dunkerque.

Ainsi, d'après les citations de M. Harmel, il y a bien eu 6 francs de baisse aux cent kilos sur ces lins Il va vite l'oublier en parlant plus loin d'un prétendu préjudice de 12 %.

§ 8. Nous sommes ainsi dans *les mêmes* proportions que sur les Jaroslaw.

Oui, la proportion est à peu près la même. M. Harmel reconnaît qu'il y a bien eu de mai 1880 à mars 1881 5 à 6 francs de baisse aux 100 kilos sur les lins Jaroslaw et Rjeff. Je crois qu'elle était plutôt de 6 à 7 francs, mais enfin, prenons le chiffre de 5 ou 6 francs sur ces lins.

Maintenant, comme M. Harmel a omis de voir qu'il était survenu 17 francs de baisse sur les lins d'Archangel dont nous avions une plus grande quantité que de Rjeff et Jaroslaw, j'espère qu'il reconnaîtra que la réduction moyenne de 10 francs aux 100 kilos que j'ai faite est plutôt trop faible.

§ 9. Les certificats sont entre les mains de M. Laisné-Deshayes, qui les communiquera si besoin.

Je tiens la lettre de M. Neut, rue de la Chaussée, et elle est à la disposition de ceux qui voudront la voir. D'ailleurs, on peut se renseigner auprès de lui.

§ 10. MM. Bourdon et Cie, à Dunkerque, établissent en décembre 1880 un compte de warrants de 95.530 kilos de lins bruts

Je crois qu'après les explications ci-dessus, M. Harmel comprendra que les lins warrantés par l'entremise de MM. Bourdon devaient être pour 95.072 francs, soit en moyenne 99 fr. 52 les 100 kilos; à l'*inventaire* 15 mars 1881, il y a 71.670 kilos pour 63.448 fr. 95 c. ou à 88 fr. 39 les 100 kilos.

diminués comme les autres de 10 à 11 francs aux 100 kilos, soit environ 12 %. Si on n'avait pas fait une moyenne de ces lins avec ceux d'Archangel, on aurait diminué les premiers de 6 à 7 francs et les seconds de 17 francs, ce qui fait que la diminution de 10 à 11 francs aux 100 kilos (environ 12 % sur la valeur) est plutôt trop faible que trop forte.

§ 11. Nous constatons sur ces warrants un rabais de 12 %, au préjudice des mineures.

M. Harmel constate dans ce chapitre de son Mémoire que les lins Jaroslaw et Rjeff ont baissé de mai 1880, époque de leur achat, à mars 1881, époque de l'inventaire, de 5 à 6 francs aux 100 kilos, et dans ce dernier paragraphe, il ne tient aucun compte de cette diminution pour établir le prétendu préjudice causé aux mineures. C'est une manière d'établir des comptes que je ne m'explique vraiment pas. Puisqu'il reconnaît sur ces lins une baisse de 5 à 6 francs aux 100 kilos, il devait au moins reconnaître que je les avais baissés à juste titre de ce chiffre, et il n'aurait eu tout au plus à se plaindre que d'une diminution de 4 à 5 francs. Maintenant. il y a encore autre chose qui m'étonne, c'est que M. Harmel ne tienne pas compte, en indiquant un chiffre de prétendu préjudice causé aux mineures, que ce préjudice ne serait encore que de moitié, car moi, l'associé de leur père, j'ai supporté la moitié de la perte occasionnée par la réduction et aussi dans le cas présent, en admettant qu'il n'y ait eu baisse que de 5 à 6 francs, comme l'a dit M. Harmel, qu'ainsi que j'aie diminué 4 francs de trop, ce serait 2 francs seulement de préjudice pour les mineures, environ 2 %. Pourquoi M. Harmel écrit-il 12 %

C'est vraiment incroyable de le voir m'accuser d'avoir fait tort de 12 % quand en faisant des calculs justes on arriverait tout au plus à une différence de 2 % en supposant un instant ses données justes. Et j'ai fait voir que, loin d'avoir fait tort même de 2 %, j'ai plutôt diminué moins que je n'aurais été en droit de le faire.

Je pense qu'après avoir examiné tout ce que je viens d'exposer dans cette note en réponse au chapitre de M. Harmel, intitulé : COURS DES LINS, on reconnaîtra qu'ayant constaté une certaine baisse sur une partie de nos lins, il n'en a tenu aucun compte, qu'il passe sous silence une baisse de 17 francs aux cent kilos sur plus de la moitié de nos lins russes et que c'est par ce moyen seulement qu'il arrive à pouvoir m'accuser.

Je répète que je veux croire encore que c'est le résultat d'erreurs involontaires.

J'espère donc que M. Harmel voudra bien reconnaître qu'il a tort dans cette question du cours des lins et que cela lui fera ouvrir les yeux pour ses autres accusations et prétentions, que d'ailleurs je réfuterai s'il persiste à ne pas vouloir en reconnaître lui-même le mal fondé.

DEUXIÈME NOTE

EN RÉPONSE AU MÉMOIRE

DE M. JULES HARMEL

INTITULÉ

RÉPONSE AU MÉMOIRE DE M. JULES TAILFER

Sur ses affaires avec la famille LAMBERT

J'ai répondu dans ma première note au chapitre du Mémoire de M. Harmel intitulé : Cours des lins. J'ai prouvé qu'au lieu d'avoir estimé les lins à trop bon marché, je les ai plutôt comptés trop cher et qu'ainsi au lieu que les mineures aient quoi que ce soit à me réclamer pour la valeur de ces marchandises, le compte de ce qui m'est dû par leur père et grand-père devrait plutôt être augmenté que diminué pour cet article.

Aujourd'hui je reponds au chapitre intitulé dans le Mémoire de M. Harmel : **Réclamation sur appropriation des marchandises,** pages 17, 18 et 19.

§ 1. « Que le tribunal déclare que « c'est indûment et sans droit que « le sieur Tailfer s'est attribué, de « son autorité privée, en payement « de la créance qu'il portait sur « feu Eugène Lambert, toutes les « valeurs commerciales de son « actif. »

Voilà la prétention de M. Harmel, j'y ai répondu dans mon Mémoire ; je crois bon de reproduire ici ma réponse, on verra si M. Harmel a réfuté quoi que ce soit de ce que j'ai exposé, s'il a répondu à mes questions.

« J'avoue que j'ai été stupéfait, quand j'ai eu connaissance de cette accusation et de cette prétention ; car jusque-là il ne m'était jamais venu à l'esprit, que l'on pût contester que M. Lambert m'avait cédé, en couverture de ce qui m'était dû par la société Lambert frères, les marchandises et créances de cette société, jusqu'à concurrence de ce qui m'était dû par elle. J'aurais dû exiger que M. Lambert me fît une cession en règle ; qu'il m'en avisât au moins par lettre, d'une façon explicite. Je ne songeai pas à prendre cette précaution ; d'ailleurs, à une lettre dans laquelle je lui faisais des questions sur la façon dont il procéderait pour les écritures de cette affaire, il m'écrivait le 6 décembre 1878 :

« Je vous ai déjà expliqué comment j'entends opérer, pour la grande « clarté et l'exactitude absolue pour la nouvelle comptabilité, j'ouvre « un compte, liquidation Lambert frères, je le débite du solde de votre « compte au 16 octobre 1878, et je le crédite des remises, marchandises « et approvisionnements. Maintenant ce compte est crédité, au fur et à « mesure des rentrées nettes des divers débiteurs aux époques où elles « sont faites, et débité des sommes payées pour lui aussi, aux époques « où elles ont été payées, je ferai le compte d'intérêts, et tous les inté-« rêts seront sauvegardés. »

Je croyais que cette réponse que mon avocat a soumise au tribunal suffirait pour mettre à néant l'accusation et la prétention de M. Harmel pour cette affaire. Mais son avocat a répondu : Ce que dit M. Tailfer serait très bien s'il n'y avait pas un autre compte qui détruit ce compte Lambert frères qui n'est qu'un compte d'ordre. A côté de ce compte il y en a un autre qui contredit la prétention de M. Tailfer, c'est un compte que lui a ouvert M. Lambert et par lequel il le crédite lui des quatre cent un mille francs dus par la société Lambert frères à Tailfer au 15 octobre 1878 et ainsi M. Lambert Eugène n'a point cédé à Tailfer l'actif de la société Lambert frères pour le couvrir des quatre cent un mille francs que lui devait cette société, mais il a gardé lui cet actif et il s'est chargé de payer Tailfer.

Mon étonnement a été croissant quand j'ai entendu ce raisonnement. Pourquoi M. Lambert a-t-il porté à deux comptes la somme qui m'était due ? Je ne puis me l'expliquer.

Pourquoi quand je lui demandais comment il entendait opérer pour les écritures de la cession convenue de l'actif Lambert frères jusqu'à concurrence de la somme qui m'était due n'ajoutait-il pas aux explications qu'il me donnait et que j'ai rapportées plus haut : « d'ailleurs votre « compte avec moi est crédité de la somme qui vous est due et c'est moi « qui me charge de vous payer ? » Je n'aurais jamais accepté cette situation.

L'avocat de M. Harmel a parlé dans sa plaidorie de factures de fil que M. Lambert m'avait faites en juin 1878 et qui se montaient ensemble à plus de cent mille francs et il a dit comme c'était exact que j'avais demandé ces factures en garantie des avances que je faisais; mais il a omis de dire que j'avais rendu ces factures à M. Lambert quand j'avais cru être couvert par la cession des marchandises et créances de la société Lambert frères.

Je me demande comment mes adversaires peuvent soutenir que cet actif ne m'a point été cédé au 15 octobre 1878 quand le compte Lambert frères, ouvert sur les livres de Lambert Eugène, comme il me l'avait dit, et balancé lors de l'inventaire qu'il fit au 15 octobre 1879, indique que la société Lambert frères n'est plus débitrice envers Tailfer que de

69.000 fr. Il me semble qu'il est incontestable que c'est parce qu'il lui a été cédé quelque chose, et qu'est-ce qu'on lui a cédé sinon les marchandises et créance de cette société ? Lors de la déclaration du centième denier de la succession de M. Lambert Eugène, on a indiqué qu'il n y avait pas d'actif de cette succession à la filature cet actif appartenant à M. Tailfer depuis le 15 octobre 1878 et non pas comme un moyen d'éviter des droits, mais bien parce que c'était un fait exact.

Je ne me suis donc nullement emparé des valeurs commerciales de l'actif de M. Lambert. Où a-t-on vu que j'aie porté quoi que ce soit à mon avoir au 15 mars 1881 ? Je ne me suis rien attribué à cette époque, c'est M. Lambert qui, au 15 octobre 1878, a porté toutes les marchandises de la société Lambert frères en déduction de la somme qui m'était due ainsi que les créances au fur et à mesure de leur rentrée. En dressant l'inventaire au 15 mars 1881 j'ai cru ne faire autre chose qu'établir le résultat de notre association ; on a critiqué mes estimations des marchandises, je répondrai plus loin à ces critiques ; puis comme la filature devait continuer à marcher pour le compte de l'association convenue entre Mme veuve Lambert et moi, quand il y aurait eu quelque différence je ne considère pas que cela eût une grande importance, les intérêts des enfants Lambert étant représentés par leur mère comme par leur père. »

§ 2. « *Il a été stupéfait;* » plus tard (Son Mémoire, p. 24, premier paragraphe) « *son étonnement a été croissant* ». Il n'y avait vraiment pas de quoi avoir de si pénibles émotions, « *il avait les livres en mains depuis la mort de M. Lambert* ». (Son Mémoire, p. 31, premier paragraphe) Pourquoi ne les lisait-il pas? Ce que M. Lambert a promis il l'a

M. Harmel sans réfuter ni même contredire aucuns des faits que j'ai exposés dans le passage que je viens de citer de mon Mémoire, sans répondre à aucune des questions que j'y ai posées, trouve plus commode de chercher à me tourner en ridicule, de se moquer de moi, par des citations tronquées de mon Mémoire.

loyalement tenu; où est le malheur? (P. 11).

M. Harmel taxe mon étonnement de pénibles émotions : il y a vraiment lieu d'en ressentir quand on voit dénaturer de cette façon le sens de ce que l'on a dit.

M. Harmel ajoute que j'avais les livres en main depuis la mort de M. Lambert et demande pourquoi je ne les lisais pas. Mais c'est précisément sur ces livres, que j'ai trouvé la confirmation de la cession que M. Lambert Eugène m'avait faite des marchandises et créances de la Société Lambert frères.

J'ai déjà expliqué dans mon Mémoire et je vais prouver encore que cela résulte du compte Lambert frères. M. Harmel prétend le contraire, et il termine ce paragraphe de son Mémoire en disant : Ce que M. Lambert a promis, il l'a loyalement tenu. Je regrette que par ces mots M. Harmel m'oblige à rappeler encore un fait qui prouve qu'il devrait être plus réservé dans ses affirmations.

M. Lambert m'avait garanti que le produit de la liquidation Lambert frères serait suffisant pour me couvrir des sommes que j'avais avancées, et il s'est trouvé inférieur d'environ soixante-dix mille francs au moment du décès de M. Lambert, sans comprendre différentes sommes qui restaient encore à payer. J'ai entre les mains un état de situation que m'a remis M. Lambert en août 1878 indiquant que l'actif de la Société Lambert frères excédait son passif de quarante-sept mille francs. Les comptes établis par M. Lambert lui-même ont prouvé que cet état de situation était faux. J'aime à croire que c'était le résultat d'erreurs involontaires, mais il est étrange de voir M. Harmel écrire que ce qui a été promis par M. Lambert a été loyalement tenu. Et cependant M. Harmel a pu voir dans mon Mémoire ce fait dont j'ai dit que je tenais la preuve à la disposition de qui voudrait la voir. M. Harmel n'a rien répondu à ce fait; il aime mieux procéder par une affirmation sonore, mais sans aucune preuve.

M. Harmel ajoute encore : Où est le malheur? Je ne puis m'empêcher de lui dire à lui, que le malheur est dans les procédés qu'il emploie sans se rendre compte de leur injustice, je veux le croire.

§ 3. Le Tribunal dit : « *Que le* « *prix des marchandises a été fixé par* « *lui seul, que des réductions ont été* « *opérées sur les prix portés au précé-* « *dent inventaire... et ce, sans le con-* « *cours d'aucun arbitre ou expert.....* « *qu'en agissant ainsi, le sieur Tail-* « *fer a outrepassé ses droits, qu'il eût* « *dû, de concert avec la dame veuve* « *Lambert, nommer à l'amiable ou* « *faire désigner par justice des experts* « *compétents pour déterminer la va-* « *leur desdites marchandises...* »

J'ai eu le tort de ne pas prendre toutes les précautions légales en dressant l'inventaire 15 mars 1881, mais il ne s'en suit nullement que j'aie cherché à faire tort aux mineures. Ma première note prouve que sur le cours des lins j'ai plutôt favorisé leurs intérêts que les miens. Je prouverai qu'il en est de même dans les autres questions.

§ 4. Ce n'était donc pas l'inventaire d'un commerçant continuant ses affaires, et par conséquent faisant un rabais convenable sur ses marchandises pour préparer l'inventaire suivant; c'était l'inventaire d'un créancier voulant se couvrir, d'un homme qui, subrogé-tuteur des mineures, devant veiller à leurs intérêts, se paye sans contrôle, à son aise, et trouve plus tard qu'il est « *stupéfait* », qu'il « *éprouve un étonnement croissant* » à voir qu'on désire examiner ses comptes. Huit

M. Harmel dit que ce n'était pas l'inventaire d'un commerçant continuant ses affaires. J'ai dit moi-même que j'ai dressé cet inventaire pour établir le résultat définitif de l'association ayant existé entre M. Lambert et moi et dissoute par suite de son décès. Il ne s'agit nullement de rabais convenable, j'ai voulu estimer les marchandises à leur valeur réelle et je crois l'avoir fait, je l'ai déjà prouvé pour les lins, je le prouverai pour le surplus. M. Harmel continue. C'était l'in-

mois après, il fait un inventaire splendide; pour la première fois peut-être, il gagne de l'argent! Ne pouvons-nous nous demander si l'inventaire du 15 mars n'a pas causé celui du 15 novembre?

ventaire d'un créancier voulant se couvrir. Je répète que c'était l'inventaire d'un associé voulant connaître le résultat définitif de l'association qui avait existé entre lui et son associé défunt et pas autre chose.

Les livres de la maison Lambert constatent qu'après avoir été au 15 octobre 1878 créditeur sur la Société Lambert frères de 401.000 francs, je ne le suis plus que de 69.000 francs au 15 octobre 1879, c'est donc que l'on m'avait remis quelque chose, à compte sur ce qui m'était dû. Oui on m'avait cédé les marchandises et créances de la Société Lambert frères : M. Harmel, lui, soutient que c'est à M. Eugène Lambert qu'elles ont été cédées en le chargeant, lui M. Lambert, de me payer. Je dis moi que s'il en était ainsi on n'eût pas porté au compte ouvert à la liquidation Lambert frères au 15 octobre 1878 sur les livres de la filature, Tailfer, créditeur de 401.000 francs, mais qu'on aurait alors porté Lambert Eugène débiteur envers Lambert frères de 332.000 francs, montant des marchandises et créances de la Société Lambert frères, et alors M. Lambert Eugène aurait rationnellement porté à mon avoir, sur un compte entre lui et moi, les 401.000 francs qu'il aurait été chargé de me payer. Mais alors on ne verrait pas sur le compte Lambert tenu sur les livres de M. Eugène Lambert que je ne suis plus créditeur au 15 octobre 1879 que de 69.000 francs.

M. Harmel a soutenu que je suis resté créditeur des 401.000 francs que la Société Lambert a reconnu me devoir, il s'est appuyé sur les doubles écritures passées sur les livres Lambert Eugène. M. Harmel n'a rien répondu aux questions que j'ai posées dans mon Mémoire, pages 24 et 25, relativement à ces doubles écritures.

Cela ne changerait rien, je crois, à la situation, Que l'on établisse les comptes comme si je n'avais été approprié des marchandises et créances de la filature qu'au 15 mars 1881. Toutefois, je n'admettrais que l'on opère ainsi qu'en ne mélangeant pas le compte de ce qui m'est dû par la Société Lambert frères avec ce que le tissage a reçu de la filature et lui a remis depuis le 15 octobre 1878, car cela n'a aucun rapport avec la somme qui m'était due par la Société Lambert frères. Dans les comptes entre la filature et le tissage, il y a des fils facturés par la filature au tissage à un prix bien plus élevé que leur valeur. Quand j'en faisais l'observation à M. Lambert, il me disait : Cela n'a pas d'importance, puisque nous confondons les résultats de nos inventaires. Mais je ne puis admettre que l'on me donne en payement de ce que j'ai versé à la Société Lambert frères en espèces ou billets de banque des fils facturés en dessus de leur valeur.

Je maintiens donc qu'en raison de ce que l'on voit sur le compte Lambert frères établi sur les livres de M. Eugène Lambert, l'actif de la Société Lambert frères m'a été cédé au 15 octobre 1878, et qu'ainsi l'inventaire du 15 mars n'a eu d'autre objet que de fixer le résultat définitif de l'association qui avait existé entre M. Lambert et moi.

Mais qu'il s'agisse de règlement de comptes ou d'appropriation, il ne faut pas moins que les marchandises soient estimées à leur valeur. Elles y ont été estimées, je l'ai prouvé pour les lins bruts, dans ma première note, je vais le prouver pour les fils et les lins peignés dans celle-ci.

M. Harmel continue en disant que c'était l'inventaire d'un homme qui, subrogé-tuteur des mineures, devant veiller à leurs intérêts se paye sans contrôle. J'ai eu le tort, il est vrai, par égard pour Mme Lambert, qui voulait cacher à tout le monde et surtout à son beau-père la situation précaire dans laquelle les laissait son mari, de ne pas soumettre au conseil de famille l'inventaire que j'ai dressé au 15 mars 1881, mais où M. Harmel voit-il, comme il le dit en dénaturant d'une façon inqualifiable ce que j'ai dit dans mon Mémoire, en imprimant dans le sien « que j'ai été stupéfait, que mon étonnement a été croissant à voir qu'on

« désire examiner mes comptes » ? Mme Lambert a examiné plusieurs fois avec M. Peulon, son comptable, et moi l'inventaire du 15 mars, dressé autant pour ne pas dire plus pour M. Peulon que par moi. Il avait été convenu que M. Louis Lambert le vérifierait ; je l'ai prié plusieurs fois de le faire, et j'ai eu le tort de me contenter de sa réponse qu'il s'en rapportait à moi. Mais dès que j'ai vu qu'on élevait des critiques je n'ai cessé de demander que l'on vérifie tous ces comptes au plutôt. Est si j'ai tardé à faire faire l'expertise qui va commencer au premier jour, c'est que j'espérais toujours que M. Harmel finirait par reconnaître l'injustice de ses accusations et prétentions, sans m'obliger à tous les frais et pertes de temps que naturellement m'occasionnera cette expertise.

Ce n'est donc nullement de ce que l'on veuille examiner mes comptes que j'ai été stupéfait, que mon étonnement a été croissant, mais uniquement des prétentions soulevées par M. Harmel et il y a bien de quoi assurément.

M. Harmel termine ce paragraphe de son Mémoire en disant que huit mois après, j'ai fait un inventaire splendide et que c'est peut-être pour la première fois que j'ai gagné de l'argent. J'ai dit dans ma première note que M. Harmel me traitait d'homme incapable, de malhonnête homme ; les derniers mots de ce paragraphe l'indiquent bien : Nous pouvons nous demander, dit-il, si l'inventaire du 15 mars n'a pas causé celui du 15 novembre.

Voilà donc que M. Harmel prétend que je n'ai jamais paru gaguer quelqu'argent qu'en faisant des inventaires frauduleux. Mainfenant à la page 19 de son mémoire, M. Harmel écrit : qu'au 15 novembre 1879 j'avais donc en réalité un gain minimum de 6,104 francs. On voit par ce rapprochement comment M. Harmel ne recule pas devant des inqualifiables quand il croit que cela peut lui servir pour m'attaquer tantôt sur un point tantôt sur un autre. Evidemment il ne se rend pas compte de l'injustice de ses procédés mais cela démontre la valeur de ses accusations.

§ 5. M. Tailfer dit qu'il a déduit 10 0/0 sur l'avis de M. Peulon. (Son Mémoire, p. 25, § 3.)	Oui, j'ai dit que j'ai déduit dix pour cent d'escompte sur les fils parce que M. Peulon m'avait dit que c'était le chiffre que l'on devait déduire. Comme M. Peulon n'est plus là laissons de côté son avis et examinons cette question en elle-même.
§ 6. Ensuite, il confesse que plus tard il s'est aperçu que M. Lambert déduisait 8 0/0 seulement, qu'ainsi donc je n'eusse dû réclamer *que* 2 0/0 *trop déduits*. (Son Mémoire, p. 26.) J'observerai que M. Lambert déduisait 6 0/0 à l'inventaire de 1878, qui était médiocre, tandis qu'il déduisait 8 0/0 à celui de 1879, qui était bon. Cela indique l'habitude de déduire 6 0/0 ordinairement, et cette déduction supplémentaire de 2 0/0 n'était faite que pour réduire le bénéfice afin de préparer l'autre inventaire.	M. Harmel dit que je confesse que je me suis aperçu plus tard que M. Lambert déduisait 8 0/0 seulement et qu'alors M. Harmel n'eût dû réclamer que 2 0/0 trop déduits. Oui, j'ai dit que M. Harmel au lieu de prétendre que j'avais déduit 10 0/0 à tort aurait dû tout au plus dire que j'avais réduit 2 0/0 de trop, et je crois que j'avais raison puisqu'il reconnaît que M. Lambert a réduit 8 0/0 à l'inventaire du 15 octobre 1879. « J'observerai, ajoute M. Harmel, que M. Lambert déduisait 6 0/0 à l'inventaire de 1878 qui était médiocre, puis il ajoute, cela indique l'habitude de déduire 6 0/0 ordinairement. Il me semble que cela dit bien qu'il y a toujours au moins 6 0/0 à déduire sur les fils. Nous allons voir au § 13 de ce chapitre de M. Harmel, qu'il établit son compte sans rien déduire. J'avoue

que je ne m'explique pas une pareille façon de faire et j'espère que M. Harmel reconnaîtra qu'il y a toujours bien 6 0/0 à déduire sur les fils. Et je soutiens qu'il n'est pas juste de ne déduire que 6 0/0 sur les fils, parce qu'ils ne sont comptés qu'au prix moyen auquel on peut les vendre et qu'il n'est pas acceptable de livrer d'un inventaire à un autre et plus encore d'une société à un autre des marchandises à un prix que l'on ne peut en retirer. Si on estime un paquet de fil à 50 francs, prix auquel on peut le vendre, incontestablement il faut en déduire d'abord les 6 0/0 d'escompte que l'usage oblige d'accorder à l'acheteur, puis un tant pour cent pour les frais qu'il y aura pour réaliser ces 47 francs que l'on touchera de ce paquet de fil : frais de voyage, frais d'intérêt d'argent, frais de banque, frais de bureau, etc., je crois que ce n'est pas exagérer que de les estimer à 4 0/0, ce qui fait bien 10 0/0 à déduire.

M. Harmel dit, qu'à l'inventaire du 15 octobre 1878, M. Lambert n'a déduit que 6 0/0 sur les fils. Je ne m'en suis pas aperçu, et en tout cas je n'aurais pu m'en apercevoir qu'en 1881, puisque ce n'est qu'à ce moment que j'ai pu voir le compte liquidation Lambert frères. M. Lambert a eu tort de ne déduire que 6 0/0 à cet inventaire : parce qu'il n'était pas juste que la société qui succédait à la maison Lambert frères prenne ses fils au prix auquel on pouvait les vendre sans tenir compte de tous les frais qu'il y aurait pour réaliser la valeur. Si je m'en étais aperçu j'aurais réclamé, de ce que je ne l'ai pas fait, il ne s'en suit nullement que cette manière d'opérer fût juste.

§ 7. D'ailleurs, M. Tailfer « *avait les livres en mains* ». (Son Mémoire, p. 31, premier paragraphe.) Il pouvait voir comment M. Lambert faisait ses déductions et pour quelles causes.

Ce que je viens de dire répond à ce paragraphe.

§ 8. Ensuite, sous la rubrique : « Fils anciens sortis du 15 au 26 mars 1881 », nous trouvons à l'inventaire du 15 mars 1881 un total

de.	15.948 fr. 10
moins 10 0/0 . . .	1.594 » 80
soit net. . . .	14.353 fr. 30

M Harmel dit dans ces deux paragraphes qu'il y aurait une erreur de 2.710 francs sur les fils inventoriés au 15 mars 1881. J'ai déjà dit et je répète, que, s'il y a quelque erreur, je suis prêt à les rectifier et il y a déjà longtemps que ce serait fait si

§ 9. Nous avons ouvert le livre de ventes et nous avons vu que l'escompte varie de 0 à 6 0/0, ensuite que les ventes du 17 au 25 mars inclus se montaient net à. . . . . 17.063 fr. 75

différence au préjudice des mineures. 2.710 fr. 45

§ 10. Enfin, nous trouvons sur les lins peignés une déduction de 20 centimes au kilog.

M. Harmel avait voulu vérifier tous les comptes avec moi.

Cette affaire des lins peignés eût été plus à sa place dans le chapitre Cours des lins. Enfin, j'y réponds là où il a plu à M. Harmel d'en parler.

§ 11. M. Tailfer explique longuement que le lin perd au peignage et que le rabais doit être en proportion de cette perte; puis qu'il déduit 10 0/0 sur les lins bruts, il doit déduire 20 centimes au kilog. sur les lins peignés.

M. Harmel ne contredit nullement l'explication que j'ai donnée dans mon Mémoire sur cette question des lins peignés à savoir qu'ayant à réduire 10 francs aux cent kilos sur ces lins bruts, cela faisait une réduction de 20 francs aux cent kilos sur les lins peignés, ces lins ne rendant en moyenne que 50 pour cent. M. Harmel dit que puisque je déduis 10 0/0 sur les lins bruts. . il se trompe, il a voulu dire, je suppose, 10 francs aux cent kilos.

§ 12. M. Tailfer oublie que l'on n'a *jamais* fait de réduction sur la matière brute. Donc, n'ayant *jamais* fait de déduction sur les lins bruts,

M. Harmel dit, que j'oublie que l'on n'a jamais fait de réduction sur matières brutes : s'il avait traité cette question des lins peignés là où

il n'y avait pas lieu d'en faire sur les peignés.

elle devrait l'être, c'est-à-dire dans son chapitre Cours des lins, il aurait pu au moins reconnaître que les lins bruts ayant baissé d'après ses propres constatations de 5 à 6 francs aux cent kilos, il y aurait eu au moins une diminution de 10 à 12 centimes au kilo à faire sur les lins peignés, et comme je lui ai prouvé dans ma première note que la baisse moyenne était au moins de 10 francs aux cent kilos, il ne devra plus maintenant contester la justice de la réduction de 20 centimes au kilo sur les lins peignés. Il ne s'agit pas de savoir si quelquefois M. Lambert a eu à faire ou a fait des réductions sur la matière brute, mais uniquement s'il y avait à en faire au 15 mars 1881, or, j'ai évidemment prouvé dans ma première note qu'il y avait lieu de faire une réduction moyenne de 10 francs aux cent kilos sur les lins bruts, et comme M. Harmel ne conteste pas qu'ayant à faire une réduction de 10 francs aux cent kilos sur les lins bruts, cela donne une réduction de 20 centimes au kilo sur les lins peignés, il y a bien lieu de maintenir la réduction de 20 centimes au kilo sur les peignés.

§ 13. Les différences se résument ainsi :

sur lins peignés. . . .	4.170 fr.	»
erreur sur fils.	2.710	45
réduction erronée sur 150.000.	15.000 fr.	»
	21.880	45

M. Harmel établit un compte de 21.880 fr. 45 de rectifications à faire : 4.170 francs sur lins peignés, dit-il d'abord, je viens de prouver que la réduction sur ces matières devait être faite, et je ne puis croire que M. Harmel persiste à maintenir sa réclamation sur ce point.

Erreur sur fils 2.710 fr. 45 ; n'ayant point les livres pour vérifier, je ne puis rien dire de cette prétention, je vérifierai et s'il y a lieu la rectification sera faite. 15.000 de réduction erronée sur 150.000 francs, je pense que ce chiffre de 150.000 est celui des fils en magasin à la filature au 15 mars 1881. C'est donc 10 % que M. Harmel prétend qu'on ne doit pas réduire sur ces fils, et cependant au § 6 de son Mémoire, il reconnaît que M. Lambert déduisait toujours 6 %, qu'il a déduit 8 % au 15 octobre 1879. M. Harmel oublie vite ce qu'il a reconnu quand il s'agit de grouper des chiffres contre moi. Je crois avoir prouvé que la réduction de 10 % était de toute justice, donc les différences que M. Harmel prétend s'élever à 21.845 disparaît sauf la vérification à faire pour 2.710 fr. 45.

§ 14. Nous réservons la vérification des prix et objets portés à l'inventaire.	Je n'ai cessé de demander que l'on vérifie tous les comptes.
§ 15. La réduction que fait M. Tailfer de 10 % est complètement abusive, car il ne s'agit pas de marchandises qu'il *possède ;* mais de marchandises qu'il s'applique en couverture.	L'inventaire 15 mars 1881 n'a nullement été fait comme je l'ai expliqué plus haut pour déterminer le prix de marchandises à m'appliquer, en couverture de ce qui m'était dû, mais bien pour déterminer le résultat définitif de l'association, qui avait existé entre M. Lambert et moi. Et en supposant un instant, que cet inventaire eût été fait pour estimer des marchandises, qu'on m'aurait données en couverture, M. Harmel voudrait donc que je prenne à

110 francs les cent kilos, par exemple, des lins qui ne valaient à ce jour que 100 francs ; des fils à 50 francs le paquet, par exemple, dont je ne pourrais retirer que 45 francs, par l'escompte que je serais obligé de faire à mes acheteurs, et des frais nécessaires pour réaliser la valeur de ces fils. C'est ainsi qu'il entendrait me rembourser des sommes que j'ai avancées à M. Lambert.

§ 16. D'ailleurs, si nous ouvrons ses inventaires, à lui, M. Tailfer, nous voyons qu'aucune réduction n'y figure : ni sur ses fils ni sur ses toiles en magasin.

Si M. Harmel avait fait attention que les inventaires des marchanchandises de Vimoutiers sont faits en calculant les fils comme les toiles sur les prix où toutes les réductions ont été faites à l'avance, il n'aurait pas écrit ce paragraphe de son Mémoire. Ainsi quand nous avons à Vimoutiers un fil que la filature compte à 50 francs, au lieu de l'inventorier à 50 francs et déduire ensuite 10 % nous l'inventorions à 45 francs et alors tout naturellement, il n'y a pas de réduction à faire, de même pour établir le prix des toiles nous comptons le fil à son prix net, et ainsi il n'y a plus de réduction à faire. Si M. Harmel, avant de formuler cette accusation à mon égard, m'avait demandé des renseignements, je lui aurais évité de m'accuser encore si injustement sur ce point.

§ 17. Pourquoi en user autrement à l'égard des mineures, surtout étant donnée sa position particulière vis-à-vis d'elles ?

Ce que je viens d'expliquer prouve que ce que dit M. Harmel dans ce paragraphe n'a aucune portée.

§ 18. Pour admettre une réduction quelconque, il faudrait qu'il nous soit prouvé que les marchandises étaient estimées un prix suffisamment élevé, à l'inventaire, pour supporter cette réduction.

Ainsi M. Harmel admettrait des réductions, s'il lui était prouvé que les marchandises sont estimées à un prix suffisamment élevé pour supporter ces réductions.

J'ai prouvé dans ma première note, que les lins bruts étaient estimés à plus de 10 francs aux cent kilos que leur valeur, dans celle-ci que la réduction de 10 % sur les fils était tout juste suffisante ; que la réduction de 20 centimes au kilo sur les lins peignés était la conséquence de celle incontestable de 10 francs aux cent kilos sur les lins bruts.

J'espère qu'après ces explications il reconnaîtra le mal fondé de ses prétentions sur ce point, et que cela lui fera ouvrir les yeux sur les autres, sinon je continuerai à réfuter ses prétentions aussitôt que je pourrai trouver le temps de le faire.

DUTAILFER.

14826. — PARIS. IMPRIMERIE F. LEVÉ, RUE CASSETTE, 17.

www.ingramcontent.com/pod-product-compliance
Ingram Content Group UK Ltd.
Pitfield, Milton Keynes, MK11 3LW, UK
UKHW022144260726
13993UKWH00005B/2140

9 782019 934873